001

002

003

004

005

006

3

007

008

4

009

010

5

6

011

012

013

014

7

015

016

017

018

019

020

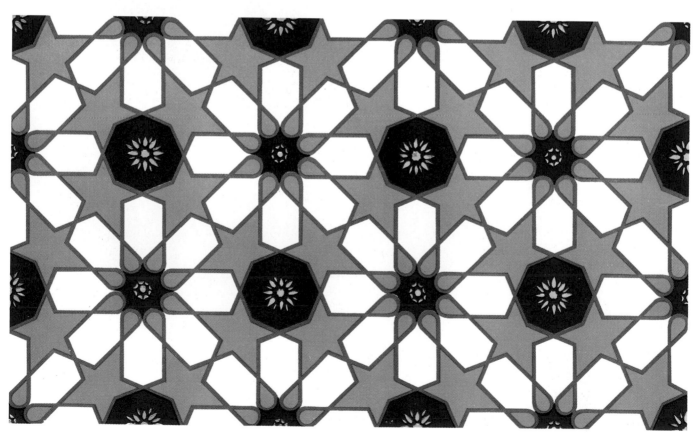

021

022

023

024

025

026–027

028

029

030

031

13

032

033

034

035

036

037

038

039

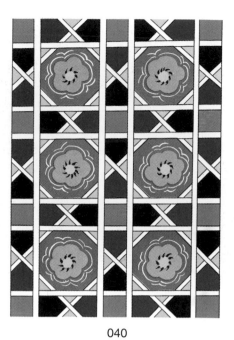

040

041

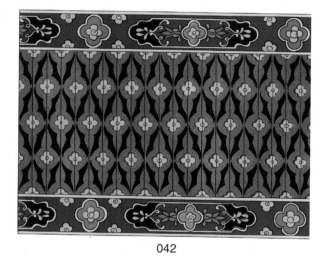

042

043

16

044

045

046

047

048

049

050

051

052–053

054

055–056

057

058

059

060

061

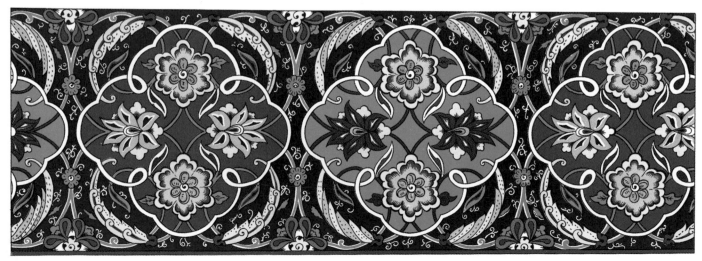

062

063

064

065

066

067

068

069

070

071

072

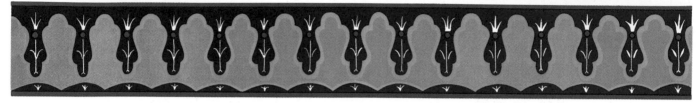

073

074

075

076

077–078

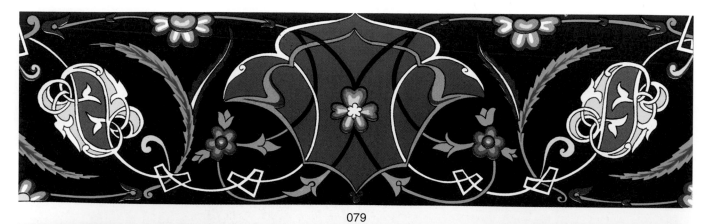

079

080

081

082

28

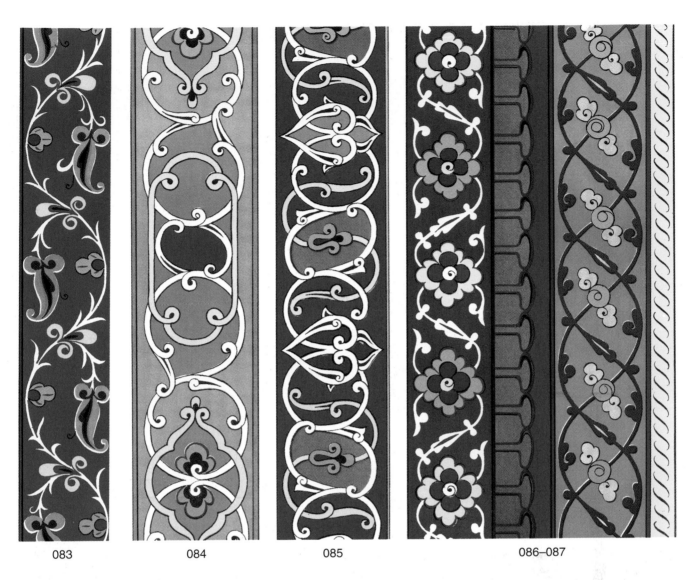

083   084   085   086–087

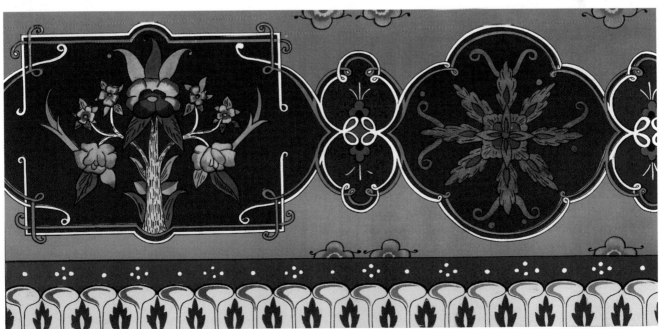

088

089

090

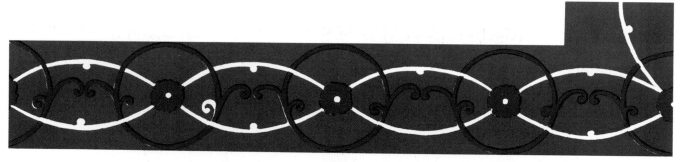

091

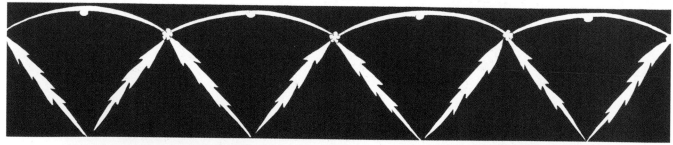

092

093

094

095

096

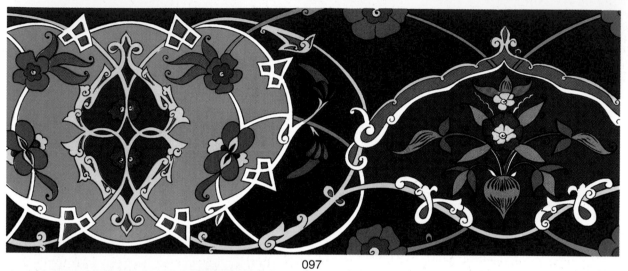

097

098

101

102

103

104

105

106

107   108   109   110

111–112

113–114

115

116

117

118

119–120

121

37

122–124

125–127

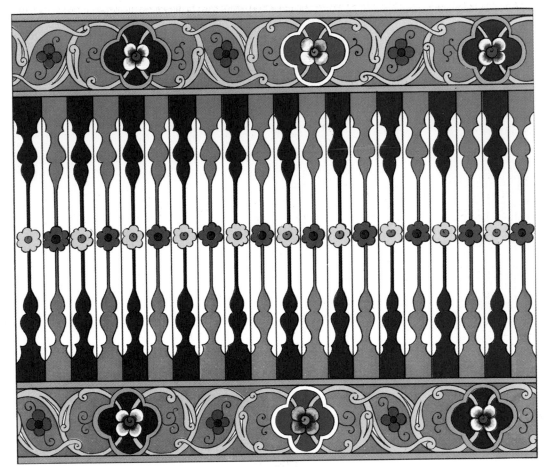

128–130

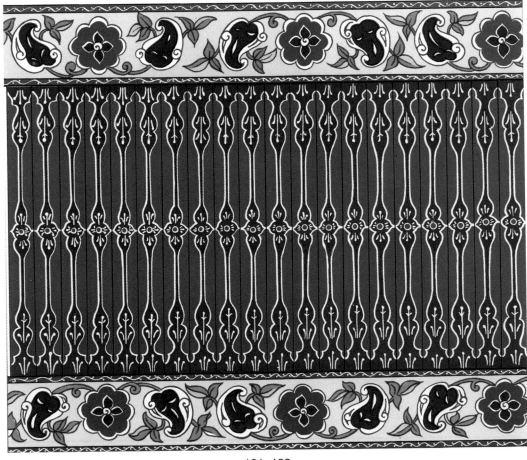

131–133

134

135

136

137

138

139

140

141

142

143

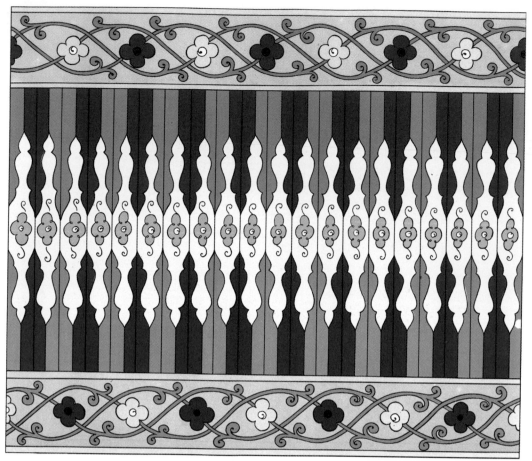

144–146

147–149

150–152

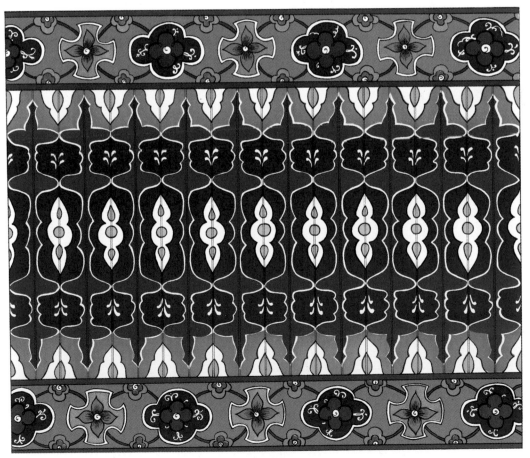

153–155

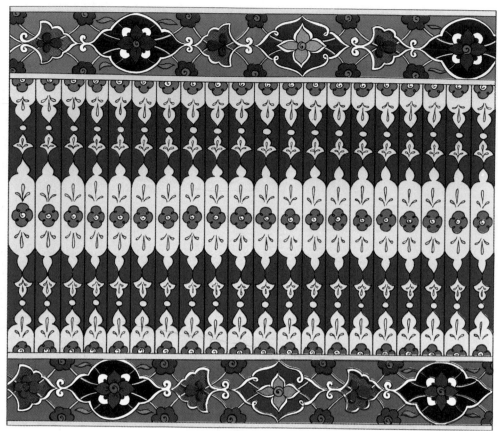

156–158

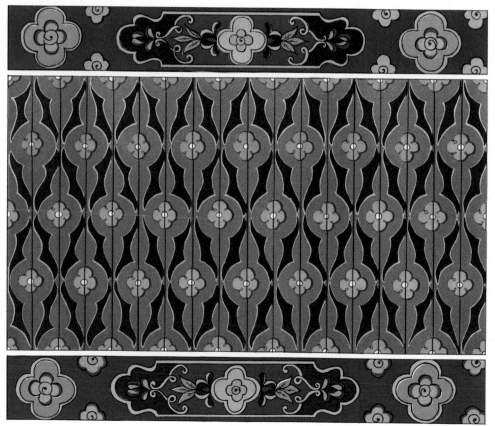

159–161

162

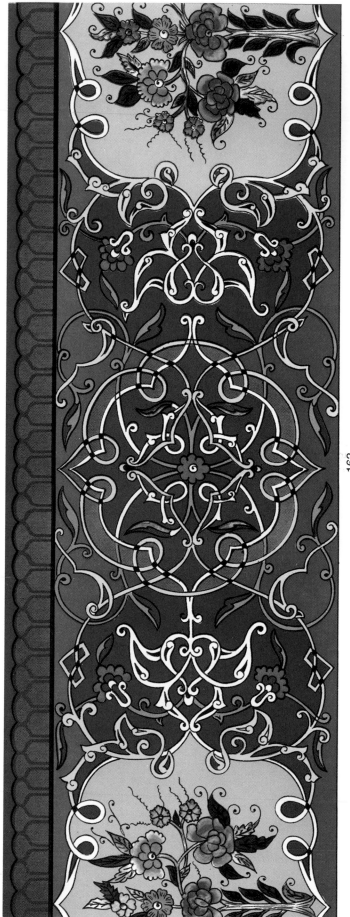

163

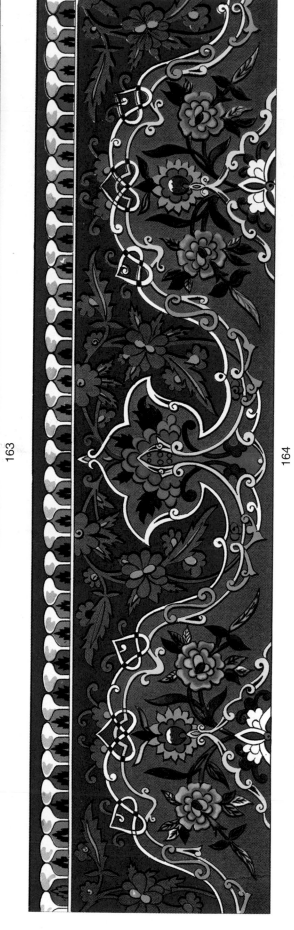

164

46